AF335918

MARIE-DOROTHÉ-ISABELLE

CALONNE,

VEUVE D'ANTOINE VINDICIEN-BLIN,

Aux Membres composant la Convention
Nationale.

Citoyens Représentans,

Vous avez dit, que désormais il n'y auroit plus de
barrière entre les malheureux et vous ; que l'accent de la
douleur, que la voix de la vérité seroient entendus (1) ;
ces paroles consolatrices m'amènent aux pieds de votre
justice, souffrez que je mette sous ses yeux le tracé
rapide de mes maux.

Vous ne pouvez en effacer aucuns ; mais il en est
que vous pouvez adoucir. Le récit simple, et concis
des faits suffira pour vous mettre à même de juger de

____

(1) Tous les actes du gouvernement, porteront le
caractère de la justice ; mais cette justice ne sera plus
présentée à la France sortant des cachots, toute couverte
de sang, etc.

A

ceux que votre humanité peut encore réparer en partie. C'est une femme malheureuse qui vous parle, sa sensibilité, des notions naturelles du juste, et de l'injuste seront ses seuls moyens.

Joseph Lebon a fait mourir mon mari. Lorsqu'il fut arrêté, nous étions mariés depuis quinze jours. — Depuis plusieurs années, cette union étoit désirée ; mon mari devoit avoir quelque fortune. Il fallut donc que la chûte de tous les préjugés, comme celles de tous les tyrans m'élevât jusqu'à l'autel, où nous nous jurâmes d'être l'un à l'autre jusqu'à la mort, d'être tous deux à la patrie qui rétablissoit l'égalité parmi tous ses enfans. — Le plus puissant des liens, l'amour nous attachoit donc à la révolution, cause actuelle de notre félicité ; par cela seul nous devions être jugés patriotes. — Aussi l'étions-nous, mais patriotes d'aujourd'hui. — C'étoit un crime sous Joseph Lebon (1) ; comme moi, mon époux en fut coupable, seul il a péri sur l'échafaud, j'ignore encore lequel de nous deux est puni.

---

(1) Joseph Lebon, ex-oratorien, ex-prêtre ; curé, vicaire tout à la fois, allioit à toutes ses fonctions, les mœurs les plus dissolues ; mandataire du Peuple, il devint de plus, cruel, sanguinaire, et trompant ainsi les hommes, suivant l'intérêt toujours présent de ses passions, il fut infidèle à tous les cultes, les avilit tous également.

Son ame étoit sans principes, et son cœur donnoit peu de prises au sentiment. Quand il se maria, l'on vit une fille trompée par lui, venir en vain implorer le nom de père pour son enfant. Cet homme ne connoissoit les liens de la nature, ceux de la société, que pour calculer la force qu'il devoit employer pour les briser.

Mon mari se montra par tout, et par ses écrits même, dans le vrai sens de la révolution. — Il en propageoit l'esprit dans le Peuple , aidoit les malheureux de sa bourse, fournissoit aux volontaires, et des dettes faites pour effets à leur usage, existent encore au moment où j'écris. Quand Lebon parut la faulx de la mort à la main, l'estime publique ne fut plus une égide sûre , tout tomba sous ses coups précipités.

Mon mari fut emprisonné avant mon mariage , je l'arrachai des cachots , nous nous unimes , et bientôt il y rentra pour n'en sortir qu'à l'heure de sa mort qui ne devoit pas tarder à sonner (1).

Le douze germinal dernier, un arrêté de ce représentant cruel, provoqua l'accusateur public, contre tous les individus exécutés avec la veuve Bataille. — Antoine Vindicien-Blin fut du nombre. Il fut accusé d'avoir , avec cette femme, projetté la dissolution du gouvernement. La conspiration fut établie, 1°. sur une liste relative à des aumônes que divers particuliers confioient aux mains bienfaisantes de cette femme; 2°. sur un mariage fait chez elle, pour lequel mon mari servi de témoin, lequel fût fait, dit-on, par un prêtre réfractaire.

J'observe à cet égard que l'accusation avoit une géné-

---

(1) Les Requins qui nageoient autour de Lebon dans le fleuve de sang et de larmes où il se baignoit à Arras, disoient tous haut dans des cabarets établis sur la rive, (les voilà mariés, mais ce ne sera pas pour long-tems.)

Le génie de Lebon sut créer dans la commune la plus paisible; des crimes, des conspirations, des maux; comme Pandore il les versa par torrens. Les prisons furent pleines de fond en comble, le sol rougit par-tout du sang des victimes.

ralité coupable et insidieuse, que l'on ne trouva sur aucune liste, chez la Bataille, le nom de Blin, que d'après la défence, lors du jugement, l'on fut obligé de se restraindre au seul acte de témoin, dans une cérémonie tenüe par un prêtre réfractaire ; le prononcé du jugement est-on ne peut plus précis ; la peine de mort fut appliquée pour ce fait isolé.

Eh bien ! dans le tems de ce mariage, la liberté des cultes étoit établie. — Le décret même vouloit une sorte de particularité, point de temple ouvert au public, point de grand rassemblement de prêches, etc. etc. Eh bien ! ce prêtre réfractaire ne l'étoit pas, voiez l'acte de son serment, entre les mains de la commune d'Arras. Quel faux plus évident, quel jugement monstrueux ! Quel interrogatoire encore a précédé cet acte inique et cruel ? existe-t-il quelques pièces plus vagues, plus insignifiantes, dans aucune affaire plus sérieuse ? Non, sans doute. — Dans tous les procès faits sous Joseph Lebon. — Je soutiens que si l'on veut les revoir, on trouvera que rien n'égale la légéreté, le ridicule des formes, si ce n'est l'horreur du fond (1). Si depuis cette époque, la liberté

____

(1) En effet, quelles précautions avoient à prendre les jurés sous une intelligence suprême qui dictoit les arrêts, les envoyoit tous faits à l'avance, vouloit enfin que tel et tel périt ?

Lebon, n'a-t-il pas deux fois cassé contre toutes les loix, le juré, parce qu'il avoit osé ne pas voir le coupable dans l'innocent ? — N'a-t-il pas fait emprisonner un défenseur officieux, pour avoir sauvé par la force des preuves un individu ? Cet individu absous à midi, n'a-t-il pas péri à huit heures du soir ?

Le citoyen Lallart est absous à l'unánimité des voix

des cultes a souffert quelques restrictions, sa latitude
moins grande ne pouvoit autoriser un effet rétrograde de
la loi. — Vous avez sanctionné ce principe naturel dans
les droits sacrés de l'homme, et depuis, par votre décret
du 21 Thermidor, de l'an 2e. Quelle rapidité d'ailleurs
ne mettoit-on pas dans l'instruction du procès, dans
l'exécution des volontés de Lebon !

Après avoir erré de cachots en cachots, essuyé la maladie la plus douleureuse, sans secours, même à l'hôpital,
mon mari reçoit son acte d'accusation le matin, traîné
mourant devant ses juges, à la moitié du jour il n'étoit
plus ; vingt victimes jugées par la même formule, fou-
droyées par les mêmes mots, descendirent avec lui dans
l'éternel nuit de la tombe, en présence du ministre le plus
actif de la mort qui les frappoit (1). Cette atroce activité

aujourd'hui. Aujourd'hui Lebon casse le jury, en établit
un autre ; le lendemain Lallart est condamné à mort à
l'unanimité des voix. Quelle divinité jamais eut plus de
puissance sur la conscience des êtres créés de sa main ?

Le suffrage, par le sort, est de la nature de la démocratie, dit un législateur. Le jury doit se faire, se former
par le sort, mais le sort auroit pu donner des êtres non
dévoués ; Lebon *nomma donc*, détruisit le sage effet
de la démocratie, donc il fit un acte de souveraineté,
donc il fût lui-même destructeur du gouvernement.

(1) Joseph Lebon, contre l'esprit et la lettre de la
loi assistoit au jugement, et à l'exécution contre celui
de l'humanité ; il les voyoit toutes du balcon de la co-
médie, près du vestibule de laquelle il avoit fait placer
l'échafaud, par un rafinement de cruauté. Placé de bon
heure, avant qu'il apperçut le cortège funèbre, sa figure,
comme celle de tous les tyrans, étoit obscurcie d'un

ne laissoit aucunes ressources ! elle a fait que cinq individus des deux sexes ont, il y a quelque tems, reçu
leur mise en liberté, par l'ordre même du Comité de
Salut public, plus de deux mois après leur supplice. Ce
fait inique, caractérise la mission de Lebon. Le représentant Berlier, doit en avoir déposé l'existence dans le
sein même de la Convention, le Peuple d'Arras réuni
au temple de la Raison l'en a chargé.

En vous démontrant, Citoyens Représentans, le faux
bien notoire sur lequel est fondé le jugement de mon
mari, conséquemment l'injustice de sa mort, je ne pré-
juge rien sur votre décret interdictoire de la révision de
tous procès, votre sagesse se réserve des actes de réparation, et ces actes seront sans doute, en rapports
exacts, avec les maux qui peuvent en être l'objet. Sous
ce point vue seul, j'ai des droits à des indemnités que
je réclame pour exister.

---

sombre nuage. Voyoit-il enfin ses victimes, son œil
s'animoit, toutes les fibres de son visage étoient en jeu
pour peindre la satisfaction de son ame. Elle s'épanouissoit,
s'étendoit, pour ainsi dire, pour présenter plus de sur-
face, pour recevoir plus de sang dont elle étoit altérée.

Quelquefois comme le jeune tigre déja repu, il jouoit
avec sa proie tremblante, prolongeoit sa douleur, et ses
plaisirs à lui.

Un jour il lut tout un article de la gazette à un homme
dont la tête étoit en-place, et fit le signal de la chûte
du couteau après cette lecture inhumaine.

D'autrefois, c'étoit au bruit de la musique qu'il envoyoit à l'échafaud. Il est donc de ces affreuses vérités
que ceux qui les ont vues, sont encore tentés de révoquer en
doute, tant elles s'éloignent de la nature et la déshonorent.

J'ai tout perdu, je vous ai dit plus haut que ma fortune étoit nulle. Je vous annonce de plus que tout a été pillé, dilapidé sous les scellés mis dans ma maison, que j'avois abandonnée, dont j'avois fui l'horreur (1). Des commissaires prévaricateurs ont levé plusieurs fois les scellés, et nul inventaire n'ayant précédé la position, ils avoient la certitude de cacher leurs vols. — Lorsqu'enfin manquant de tout autre asyle, la nécessité m'a forcé de rentrer dans mon triste chez moi; les commissaires nouveaux, nommés pour tenir procès-verbal de l'état des choses, en me rendant un lit, une chambre et quelques meubles, sous récépissé, les commissaires, dis-je, n'ont pu se dispenser de faire mention de l'état de dégradation, de dénuement, dans lequel se trouvoit mon habitation. Les preuves de tout ce que je vous dis existent de la manière la plus formelle; en tems et lieu je puis les fournir. Que dis-je? j'ai reconnu mes propres effets dans les mains de ces fonctionnaires infidels (1). Par un décret subséquent à

---

(1) Au moment de l'exécution de mon mari, j'en fut instruite sans ménagement; j'éprouvai la douleur la plus perçante, l'état de convulsion le plus affreux. Dans le délire du désespoir, j'attentai à mes jours; ma famille me sauva de mes propres attentats sur ma vie. Dans un moment d'évanouissement, je fus emportée, et quand je revins de cet essai de la mort, je m'apperçus bientôt que d'un seul coup, Lebon, comme servi par le hazard même à souhait, avoit immolé deux victimes. — O ma patrie! j'allois être mère et je vous consacrai mon enfant!

(2) Mon linge, les choses à mon usage, jusqu'à mes bonnets, tout a disparu; vin, bois, lumières, comestibles de provision, tout a été consommé; je n'ai rien retrouvé. Les serrures enlevées, les lambris dégradés,

celui sur la revision des procés, vous avez ordonné que sans délai, les autorités compétentes régleroiént le sort des parens d'émigrés, déportés, condamnés, respectivement avec la Nation.

D'après cela, Citoyens, je suis autorisée à croire que pour être traitée justement, je dois être mise en possession de tous mes droits envers la famille de mon mari, comme s'il étoit mort naturellement.

J'ai un contrat de mariage dont l'effet doit être maintenu dans toute sa plénitude ; j'ai des arrangemens particuliers pour pension alimentaire, que le père de mon mari lui devoit, et sur quoi je réclame des arrérages, etc. Je ne puis entrer ici dans les détails qui seront discutés par les gens de loi que je chargerai de ma procuration ; il me suffit dans ce moment de demander que mon état soit déterminé suivant la loi, et sans retard, attendu que mon existence précaire ne me permet aucune remise dilatoire.

---

des murs percés, par-tout on retrouvoit les traces dés mains destructives qui avoient agi.

Du reste, ces événemens ont été communs à toutes les maisons où des scellés ont été posés. Le directoire du district d'Arras, qui a fait quelques enquêtes sur les vols multipliés, a des volumes de dépositions, de notes d'effets enlevés, à la plus légère information sur la conduite de Lebon et de ses bourreaux accolites, vous verrez s'amonceler jusqu'à l'excès les faits et les preuves.

La femme de Lebon elle-même est chargée de bijoux, de meubles précieux, d'argenterie, de métaux, etc. etc. Autrefois, l'on voyoit les héros de l'humanité se vêtir des dépouilles des animaux féroces dont ils purgeoient la terre. Ici, par une fatale inversion, les tigres se vêtent de la dépouille des humains.

Il est de votre justice, de votre humanité, de vos principes (vous l'avez d'ailleurs promis de la manière la plus solemnelle), de mettre à réparer les maux immérités des citoyens, la même promptitude, la même célérité qu'avoit mise pour les accabler, les hommes impies que l'erreur avoit placés dans les départemens, soit comme représentans, soit comme fonctionnaires particuliers.

Vous avez juré la mort de ces êtres homicides ; c'est avoir juré d'une manière implicite la vie de ceux qu'ils n'ont pas eu le tems de dévorer, de ceux que le 9 Thermidor a resaisis d'entre leurs dents meurtrières.

La terreur du nom de Lebon a jetté de si profondes racines, que lors même que votre sagesse vient d'arracher la foudre de ses mains, des pères n'osent hasarder de secourir leurs enfans. Cet homme, pas unique malheureusement, a, non-seulement perverti (1) dans cette commune, et par-tout où se sont portés ses pas, l'esprit

---

(1) La subversion de tous principes étoit si totale, que dans les vingt victimes qui périrent avec mon mari, des femmes et des hommes dépouillés tout nud, furent jettés sans respect pour la pudeur, sur le cimetière. La foule avoit suivi le tombereau de la mort, mais avec le démon regnant dans le cœur. Les cadavres furent insultés, posés dans les situations les plus indécemment obscènes, et cela pendant des heures entières, sans que la police fît la plus petite attention à ce sacrilège. Ce qui le rendoit plus révoltant encore, si cela se peut, c'est que des enfans coopéroient à cette scène impie, et jettoient dans leur ame déjà préparée par des circonstanc s antérieures, le germe de la barbarie uni à celui du libertinage.

publie, mais l'esprit social, mais l'instinct même de la nature! son regard frappoit de stérilité, et les cœurs et les
choses, c'étoit celui des Euménides.

J'attends de vous, Citoyens Représentans, la juste
réparation que j'implore, vous me la devez, vous vous
la devez.

SALUT ET FRATERNITÉ.

OBSERVATIONS GÉNÉRALES.

Les différens traits de la conduite du Représentant
Lebon, jettés dans cet écrit, font naître une réflexion bien
naturelle, quand on compare l'ensemble de l'individu
auquel ils peuvent appartenir, aux individus que la massue
nationale vient de frapper récemment.

C'est qu'un esprit général de destruction étoit commun
à tous les hommes sanguisorbes dont il est tems de délivrer
la République pour l'affermir sur ses vraies bases ébranlées
par le système de terreur. C'est que, sur tous les points de
la France, cet esprit se manifestoit de la même manière;
c'est que tous ces hommes enfin tenoient au même parti,
celui de tout dissoudre, pour se créer une existence parti-
culière et pesante sur toutes celles qu'ils auroient voulu
souffrir.

Par-tout, mêmes-proscriptions, même mode d'exécution, mêmes prétextes, mêmes résultats.

Des maisons d'arrêts multipliées, inhumainement tenues,
cruellement administrées; des vols, des pillages, des abo-
minations; par-tout le délire de la débauche et celui de la
cruauté mêlés dans les mêmes ames; par-tout des arrêts de

mort prononcés par des têtes surchargées des vapeurs du sang , du vin et de la luxure.

Rien de plus insolent que la conduite de certains commissaires, dans les maisons d'arrêt , à l'égard des femmes ; des visites jusque dans les endroits les plus mystérieux : la pudeur alarmée n'avoit plus de refuge, plus de retraite ; la jeunesse plus de défense ; dans celle des hommes , les spoliations les plus complettes , le défaut absolu des objets de la plus stricte nécessité.

Chez les particuliers, plus de repos, plus de paix ; toutes les heures du jour, de la nuit étoient également incertaines et redoutables ; le bruit le plus léger aux portes étoit effrayant ; la vie , la liberté menacées tenoient les ames dans un état de contention fatiguant jusqu'à la douleur , jusqu'à la maladie.

Des exclamations de joie environnoient le lit d'un père de famille mort chez lui ; la mort naturelle d'un père , chantée comme un bonheur par ses propres enfans !!! Et cette joie leur étoit honorable. Quelle morale, grand Dieu , découle de cette vérité funeste ! C'est elle , à mon sens , qui prononce de la manière la plus courte et la plus énergique l'excès de la misère publique ; c'est le trait le plus saillant du tableau déchirant que l'on peut en faire.

Certes , si le torrent de maux qu'alimentoit l'existence de Joseph Lebon dans les départemens du Pas - de - Calais et du Nord, n'a pas entraîné de dessus ses vrais fondemens l'esprit public, si tout est resté calme et fidèle à la Convention ; la Convention doit être certaine de l'empire de ses principes sur cette terre désolée. Quelle puissance humaine pourroit actuellement opérer un renversement du bon système , quand ceux qui le vouloient ont échoué , revêtus cependant d'un pouvoir total , quand l'exécution suivoit de si près l'acte du vouloir, quand enfin l'imagination la plus créatrice ne pouvoit offrir de calamités plus grandes. Peuple d'Arras, de Cambray, de tous les endroits teints de sang, votre épreuve est faite, elle est dans le sein de la Convention, avec toutes vos larmes.

Lorsque l'orateur du Peuple a voulu peindre Carrier, vainement il a parcouru l'histoire des tyrans, des tigres, des hyennes, pour trouver une analogie, il a été forcé de convenir que Carrier ne ressembloit en horrible qu'à lui-même. Depuis Carrier, le même embarras ne peut plus se rencontrer pour donner l'idée la plus étendue des écarts de la nature, én productions monstrueuses. Il suffira de dire, c'est, ou c'étoit un Carrier.

Ce supplément, à la nomenclature des animaux féroces, peut déjà nous servir ; et nous dirons, Lebon est un Carrier ; c'est abréger, par une élocution bien simple, le révoltant des détails, l'ignominie des scènes.

« L'effet infaillible d'un gouvernement libre et juste, « est la population » ; est le bonheur public, pouvoit ajouter le citoyen de Genève.

De cet axiôme, ne peut-on conclure que si la population, si le bonheur public n'existent pas, le gouvernement n'est plus libre, n'est plus juste ? Eh bien ! Lebon dépeuploit les départemens où il étoit missionné, rendoit sa présence une calamité publique, et replaçoit par le fait tous les attribus de la tyrannie, sur l'autel de la liberté.

Une chose assez remarquable, c'est l'espèce de prestige dont cet homme s'avoit s'environner, et sous le couvert duquel les assertions les plus fausses, les plus illusoires, les plus en opposition avec les loix, étoient reçues de la multitude. Je ne veux citer sur cet objet qu'un seul exemple.

La Convention avoit décrété la peine de mort contre le premier qui proposeroit la loi agraire. Joseph Lebon, pour inoculer à l'esprit du Peuple sa fureur pour le sang,

promettoit pas de loi agraire , mais assuroit haute-
nt à la société populaire que tous les biens des con-
mnés seroient pour ses bons sans-culottes ; à force de
éter cette absurde promesse, le peuple étoit parvenu
ne voir plus qu'un legs pour lui, dans chaque sen-
nce de mort; et ses yeux fermés par l'intérêt, ne
uvoient plus s'ouvrir sur l'injustice de jurés, l'iniquité
leurs prononcés, l'inconcevable multiplicité des exé-
tions ; son aveuglement étoit tel, qu'il se pensoit dans
u possesseur des biens que cependant on vendoit jour-
llement comme biens nationaux. Ce fait vrai me semble
onnant au premier dégré ; il est vrai que dans le tems,
rtains sans-culottes étoient largement soudoyés ; certains
ns-culottes en place voloient plus largement encore ,
que dans le fait, ils pouvoient, dans ces deux positions,
regarder comme possesseurs effectifs des biens qu'on
ur avoit si solemnellement promis. Joignez à cela les
éculations à faire sur les ventes multipliées, sujetes à
us les abus, à toutes les négligences.
Les gens en place qui s'étoient fait redouter comme
otégés de Lebon , achetoient à des prix excessivement
s, renchérir sur leur proposition, c'étoit un pas vers
chafaud, au moins vers le cachot.
D'autres bien sûrs de leur fait, achetoient pour le
ois, des meubles fermés, comme commodes, armoires ,
c. sans qu'ils fussent ouverts.
Si donc l'on pouvoit se faire une idée des vols, des
audes, des places obtenues pour des dénonciations,
s salaires , de l'argent donné pour voter, de l'argent
rsé à pleines mains par les malheureuses familles, pour
uver une tête, une arrestation, etc. l'on concevroit
ue réellement Lebon, qui ne remedioit à rien, tenoit
a majeure partie ses riches promesses.
Il est aisé de comprendre maintenant pourquoi les

partisans d'un régime heureusement abattu, vantent les effets de la terreur, la réclament encore, c'est qu'effectivement il falloit sa compression infinie, pour s'opposer aux révoltes, aux massacres, aux guerres civiles dans les départemens oppressés sous l'excès du brigandage.

Convention nationale, ôte ces gens-là de par-tout, l'amour de la Patrie bientôt établira la paix réelle, par-tout où la terreur n'avoit établi que le silence de la mort.

A Paris, de l'imprimerie de Guffroy, rue Honoré, No. 35, cour des ci-devant Capucins.

www.ingramcontent.com/pod-product-compliance
Lightning Source LLC
LaVergne TN
LVHW012323050726
842524LV00004B/1586